Vorwort

Das Kochen einer Marmelade, ist eine Erinnerung an die
Sommerzeit in einem Glas eingefasst. Lassen Sie sich
verzaubern, von fantasievollen Rezepten. Alle Rezepte
sind auf den Thermomix TM 31 zugeschnitten worden,
können aber ganz leicht auf den TM 21 umgewandelt
werden. Zusammen mit diesem tollen Gerät, ist
Marmelade kochen zur Spielerei geworden.
Jung uns alt sind begeistert von den kleinen bunten
Leckereien.
Hübsch verpackt in einem schönen Glas, vielleicht noch
ein Stückchen Stoff mit einem Gummiband drum herum,
schon hat man ein präsentables, willkommenes Geschenk.
Ich freue mich sehr darüber, Ihnen meine schönen
Rezepte zeigen zu dürfen.

Inhaltsangabe

Vorwort

<u>Marmelade</u>

Himbeere Bananen Marmelade
Erdbeere Balsamico Marmelade
Avocado Aprikosen Marmelade
Birnen Marzipan Marmelade
Apfel Mohn Marmelade
Brombeere Marmelade
Clementine Bananen Marmelade
Feigen Zimt Marmelade
Granatapfel Rotwein Marmelade
Heidelbeere Marmelade
Honigmelone Holunder Marmelade
Himbeere Avocado Marmelade
Kiwi Avocado Marmelade
Schoko Kirsch Marmelade
Lychee Marmelade
Mango Maracuja Marmelade
Mirabellen Weißwein Marmelade
Orangen Chili Marmelade
Pfirsich Bananen Marmelade
Pomelo Gewürz Marmelade
Papaya Birnen Marmelade
Weintrauben Wassermelone Marmelade

Gelee

Weißwein Gelee
Holunderbeersaft Gelee
Johannisbeere Vanille Gelee
Glühwein Gelee
Grüntee Gelee
Multivitamin Gelee
Birnen Gelee
Rum Rosinen Gelee
Blutorangen Gelee
Kirsch Chili Gelee
Rote Bete Gelee
Apfel Karotten Gelee
Granatapfel Rotwein Gelee
Apfel Gelee
Tomaten Basilikum Gelee
Kokos Gelee
Karamell Gelee

Curd

Orangen Curd
Erdbeere Curd
Schoko Mandel Curd
Milch Curd
Sonnenblumenkern Curd
Zitronen Curd
Zimt Curd
Bananen Curd
Johannisbeere Curd

Waldmeister Curd
Vanille Rosinen Curd
Himbeere Curd

__Nachtrag zum Impressum__

Marmelade

Himbeere Bananen Marmelade

Zutaten
300 g Bananen
500 g Gelierzucker 1:2
700 g Himbeeren aufgetaut
1 Prise Zimt

Zubereitung
Das Obst in den Mixtopf geben. Auf Stufe 5 / 2 Minuten zerkleinern. Nun den Gelierzucker in den Topf schütten. Jetzt ca. 17 Minuten / 100 Grad / Stufe 2. Jetzt kann die Leckerei umgefüllt werden. Die Gläser vorsichtshalber auf den Kopf stellen.

Erdbeere Balsamico Marmelade

Zutaten
100 g Balsamico
500 g Gelierzucker 1:2
900 g Erdbeeren

Zubereitung
Das Obst und den Balsamico in den Mixtopf geben. Auf
Stufe 5 / 2 Minuten zerkleinern. Nun den Gelierzucker in
den Topf schütten.
Jetzt ca. 17 Minuten / 100 Grad / Stufe 2. Die
Marmelade kann umgefüllt werden. Wegen den
Balsamico vor den Verzehr nochmals eine Woche ziehen
lassen.

Avocado Aprikosen Marmelade

Zutaten
300 g Avocadomark
500 g Gelierzucker 1:2
700 g Aprikosen entsteint

Zubereitung
Das Obst in den Mixtopf geben. Auf Stufe 5 / 2 Minuten
zerkleinern. Nun den Gelierzucker in den Topf schütten.
Jetzt ca. 17 Minuten / 100 Grad / Stufe 2. Jetzt kann die
Leckerei umgefüllt werden. Die Gläser vorsichtshalber
auf den Kopf stellen.

Birnen Marzipan Marmelade

Zutaten
300 g Marzipanrohmasse
1 Röhrchen Bittermandelöl
500 g Gelierzucker 1:2
700 g Birnen, entsteint und geschält

Zubereitung
Das Obst und Marzipan in den Mixtopf geben. Auf Stufe
5 / 2 Minuten zerkleinern. Nun den Gelierzucker in den
Topf schütten.
Jetzt ca. 17 Minuten / 100 Grad / Stufe 2. Jetzt kann die
Leckerei umgefüllt werden. Die Gläser vorsichtshalber
auf den Kopf stellen.

Apfel Mohn Marmelade

Zutaten
200 g Mohn
500 g Gelierzucker 1:2
800 g Äpfel, geschält und entkernt
1 Prise Zimt

Zubereitung
Das Obst in den Mixtopf geben. Auf Stufe 5 / 2 Minuten
zerkleinern. Nun den Gelierzucker in den Topf schütten.
Jetzt ca. 17 Minuten / 100 Grad / Stufe 2. Alles in
saubere Gläser umfüllen.

Brombeere Marmelade

Zutaten
1000 g Brombeeren
500 g Gelierzucker 1:2

Zubereitung
Das Obst in den Mixtopf geben. Auf Stufe 5 / 2 Minuten
zerkleinern. Nun den Gelierzucker in den Topf schütten.
Jetzt ca. 17 Minuten / 100 Grad / Stufe 2. Jetzt kann die
Leckerei umgefüllt werden. Die Gläser vorsichtshalber
auf den Kopf stellen.

Clementinen Bananen Marmelade

Zutaten
300 g Bananen
500 g Gelierzucker 1:2
700 g Clementinen geschält
1 Pck. Vanillezucker

Zubereitung
Das Obst und den Vanillezucker in den Mixtopf geben.
Auf Stufe 5 / 2 Minuten zerkleinern. Nun den
Gelierzucker in den Topf schütten.
Jetzt ca. 17 Minuten / 100 Grad / Stufe 2. Nun kann die
Marmelade umgefüllt werden.

Feigen Zimt Marmelade

Zutaten
1000 g Feigen
500 g Gelierzucker 1:2
1TL Zimt
1 TL Vanillezucker
1 Prise Nelke

Zubereitung
Das Obst und Gewürze in den Mixtopf geben. Auf Stufe
5 / 2 Minuten zerkleinern. Nun den Gelierzucker in den
Topf schütten.
Jetzt ca. 17 Minuten / 100 Grad / Stufe 2. Jetzt kann die
Marmelade umgefüllt werden. Die Gläser auf den Kopf
stellen.

Granatapfel Rotwein Marmelade

Zutaten
300 g Rotwein
500 g Gelierzucker 1:2
700 g Granatapfelfleisch
aus der Schale gelöst
1 Prise Zimt

Zubereitung
Das Obst und Zimt in den Mixtopf geben. Auf Stufe 5 / 2
Minuten zerkleinern. Nun den Gelierzucker in den Topf
schütten.
Jetzt ca. 17 Minuten / 100 Grad / Stufe 2. Jetzt kann die
Leckerei umgefüllt werden. Die Gläser vorsichtshalber
auf den Kopf stellen.

Heidelbeere Marmelade

Zutaten
1000 g Heidelbeeren
500 g Gelierzucker 1:2
1 Pck. Vanillezucker

Zubereitung
Das Obst und den Vanillezucker in den Mixtopf geben.
Auf Stufe 5 / 2 Minuten zerkleinern. Nun den
Gelierzucker in den Topf schütten.
Jetzt ca. 17 Minuten / 100 Grad / Stufe 2. Jetzt kann die
Leckerei umgefüllt werden.

Honigmelone Holunder Marmelade

Zutaten
300 g Holunder
500 g Gelierzucker 1:2
700 g Honigmelone geschält

Zubereitung
Das Obst in den Mixtopf geben. Auf Stufe 5 / 2 Minuten zerkleinern. Nun den Gelierzucker in den Topf schütten. Jetzt ca. 17 Minuten / 100 Grad / Stufe 2. Jetzt kann die Leckerei umgefüllt werden. Die Gläser vorsichtshalber auf den Kopf stellen.

Himbeere Avocado Marmelade

Zutaten
300 g Avocado
500 g Gelierzucker 1:2
700 g Himbeeren aufgetaut

Zubereitung
Das Obst in den Mixtopf geben. Auf Stufe 5 / 2 Minuten zerkleinern. Nun den Gelierzucker in den Topf schütten. Jetzt ca. 17 Minuten / 100 Grad / Stufe 2. Jetzt kann die Leckerei umgefüllt werden. Die Gläser vorsichtshalber auf den Kopf stellen.

Kiwi Avocado Marmelade

Zutaten
300 g Avocado
500 g Gelierzucker 1:2
700 g Kiwi geschält

Zubereitung
Das Obst in den Mixtopf geben. Auf Stufe 5 / 2 Minuten zerkleinern. Nun den Gelierzucker in den Topf schütten. Jetzt ca. 17 Minuten / 100 Grad / Stufe 2. Jetzt kann die Leckerei umgefüllt werden. Die Gläser vorsichtshalber auf den Kopf stellen.

Schoko Kirsch Marmelade

Zutaten
300 g Schokostreusel
500 g Gelierzucker 1:2
800 g Kirschen gewaschen
und entsteint
1 Prise Zimt

Zubereitung
Das Obst in den Mixtopf geben. Auf Stufe 5 / 2 Minuten
zerkleinern. Nun den Gelierzucker in den Topf schütten.
Jetzt ca. 17 Minuten / 100 Grad / Stufe 2. Nun die
Schokostreusel einfüllen und 5 Sekunden / Stufe 1. Jetzt
kann die Leckerei umgefüllt werden. Die Gläser
vorsichtshalber auf den Kopf stellen.

Lychee Marmelade

Zutaten
900 g Lychee
500 g Gelierzucker 1:2
100 g Weißwein

Zubereitung
Das Obst und den Wein in den Mixtopf geben. Auf Stufe
5 / 2 Minuten zerkleinern. Nun den Gelierzucker in den
Topf schütten.
Jetzt ca. 17 Minuten / 100 Grad / Stufe 2. Jetzt kann die
Marmelade noch heiß umgefüllt werden.

Mango Maracuja Marmelade

Zutaten
500g Mango geschält
500 g Gelierzucker 1:2
500 g Maracujamark
100 g Orangensaft

Zubereitung
Das Obst und den Saft in den Mixtopf geben. Auf Stufe 5
/ 2 Minuten zerkleinern. Nun den Gelierzucker in den
Topf schütten.
Jetzt ca. 17 Minuten / 100 Grad / Stufe 2. Jetzt kann die
Leckerei umgefüllt werden. Die Gläser vorsichtshalber
auf den Kopf stellen.

Mirabellen Weißwein Marmelade

Zutaten
800 g Mirabellen entkernt
500 g Gelierzucker 1:2
200 g Weißwein

Zubereitung
Das Obst und den Wein in den Mixtopf geben. Auf Stufe
5 / 2 Minuten zerkleinern. Nun den Gelierzucker in den
Topf schütten.
Jetzt ca. 17 Minuten / 100 Grad / Stufe 2. Jetzt kann die
Leckerei umgefüllt werden.

Orangen Chili Marmelade

Zutaten
1000 g Orangen geschält
500 g Gelierzucker 1:2
1 gute Prise Chili

Zubereitung
Das Obst und Chili in den Mixtopf geben. Auf Stufe 5 / 2
Minuten zerkleinern. Nun den Gelierzucker in den Topf
schütten.
Jetzt ca. 17 Minuten / 100 Grad / Stufe 2. Alles umfüllen
und genießen.

Pfirsich Bananen Marmelade

Zutaten
300 g Banane
500 g Gelierzucker 1:2
700 g Pfirsich entkernt

Zubereitung
Das Obst in den Mixtopf geben. Auf Stufe 5 / 2 Minuten zerkleinern. Nun den Gelierzucker in den Topf schütten. Jetzt ca. 17 Minuten / 100 Grad / Stufe 2. Jetzt kann die Leckerei umgefüllt werden. Die Gläser vorsichtshalber auf den Kopf stellen.

Pomelo Gewürz Marmelade

Zutaten
1000 g Pomelo geschält
500 g Gelierzucker 1:2
½ TL Nelke
½ TL Kardamom
1 Prise Muskat
½ TL Zimt

Zubereitung
Das Obst und die Gewürze in den Mixtopf geben. Auf
Stufe 5 / 2 Minuten zerkleinern. Nun den Gelierzucker in
den Topf schütten.
Jetzt ca. 17 Minuten / 100 Grad / Stufe 2. Alles in
hübsche Gefäße füllen.

Papaya Birnen Marmelade

Zutaten
500 g Papaya
500 g Gelierzucker 1:2
500 g Birne geschält und entkernt

Zubereitung
Das Obst in den Mixtopf geben. Auf Stufe 5 / 2 Minuten zerkleinern. Nun den Gelierzucker in den Topf schütten. Jetzt ca. 17 Minuten / 100 Grad / Stufe 2. Jetzt kann die Leckerei umgefüllt werden. Die Gläser vorsichtshalber auf den Kopf stellen.

Weintrauben Wassermelone Marmelade

Zutaten
500 g Weintraube
500 g Gelierzucker 1:2
500 g Wassermelone geschält

Zubereitung
Das Obst in den Mixtopf geben. Auf Stufe 5 / 2 Minuten zerkleinern. Nun den Gelierzucker in den Topf schütten. Jetzt ca. 17 Minuten / 100 Grad / Stufe 2. Jetzt kann die Marmelade umgefüllt werden. Die Gläser vorsichtshalber auf den Kopf stellen.

Gelee

Weißwein Gelee

Zutaten
700 g Weißwein (trocken)
500 g Gelierzucker 2 plus 1
10 g Zitronensaft

Zubereitung
Die Zutaten in den Mixtopf füllen und 30 Sekunden /
Stufe 5 mischen. Dann auf 100 Grad / Stufe 2 / ca. 19
Minuten kochen. Zwischendurch mal eine Gelierprobe
machen und umfüllen.

Holunderbeersaft Gelee

Zutaten
700 g Holunderbeersaft
500 g Gelierzucker 2:1

Zubereitung
Die Zutaten in den Mixtopf füllen und 30 Sekunden /
Stufe 5 mischen. Dann auf 100 Grad / Stufe 2 / ca. 19
Minuten kochen. Zwischendurch mal eine Gelierprobe
machen und umfüllen. Wichtig ist es, das alles richtig
durchkocht, der Zucker muss sich lösen.

Johannisbeere Vanille Gelee

Zutaten
700 g Johannisbeersaft
500 g Gelierzucker 2:1
2 Pck. Vanillezucker

Zubereitung
Die Zutaten in den Mixtopf füllen und 30 Sekunden /
Stufe 5 mischen. Dann auf 100 Grad / Stufe 2 / ca. 19
Minuten kochen. Zwischendurch mal eine Gelierprobe
machen und umfüllen. Wichtig ist es, das alles richtig
durchkocht, der Zucker muss sich lösen.

Holunderbeersaft Gelee

Zutaten
700 g Holunderbeersaft
500 g Gelierzucker 2:1

Zubereitung
Die Zutaten in den Mixtopf füllen und 30 Sekunden /
Stufe 5 mischen. Dann auf 100 Grad / Stufe 2 / ca. 19
Minuten kochen. Zwischendurch mal eine Gelierprobe
machen und umfüllen. Wichtig ist es, das alles richtig
durchkocht, der Zucker muss sich lösen.

Glühwein Gelee

Zutaten
700 g Glühwein
500 g Gelierzucker 2:1

Zubereitung
Die Zutaten in den Mixtopf füllen und 30 Sekunden /
Stufe 5 mischen. Dann auf 100 Grad / Stufe 2 / ca. 19
Minuten kochen. Zwischendurch mal eine Gelierprobe
machen und umfüllen.

Grüntee Gelee

Zutaten
700 g Grüntee
500 g Gelierzucker 2:1

Zubereitung
Die Zutaten in den Mixtopf füllen und 30 Sekunden /
Stufe 5 mischen. Dann auf 100 Grad / Stufe 2 / ca. 19
Minuten kochen. Zwischendurch mal eine Gelierprobe
machen und umfüllen.

Multivitamin Gelee

Zutaten
700 g Multivitaminsaft
500 g Gelierzucker 2:1

Zubereitung
Die Zutaten in den Mixtopf füllen und 30 Sekunden /
Stufe 5 mischen. Dann auf 100 Grad / Stufe 2 / ca. 19
Minuten kochen. Zwischendurch mal eine Gelierprobe
machen und umfüllen. Wichtig ist es, das alles richtig
durchkocht, der Zucker muss sich lösen.

Birnen Gelee

Zutaten
650 g Birnensaft
50 g klarer Schnaps
500 g Gelierzucker 2:1

Zubereitung
Die Zutaten in den Mixtopf füllen und 30 Sekunden /
Stufe 5 mischen. Dann auf 100 Grad / Stufe 2 / ca. 19
Minuten kochen. Zwischendurch mal eine Gelierprobe
machen und umfüllen. Wichtig ist es, das alles richtig
durchkocht, der Zucker muss sich lösen.

Rum Rosinen Gelee

Zutaten
100 g Rum
100 g Rosinen
500 g Wasser
500 g Gelierzucker 2:1

Zubereitung
Die Zutaten in den Mixtopf füllen und 30 Sekunden /
Stufe 5 mischen. Dann auf 100 Grad / Stufe 2 / ca. 19
Minuten kochen. Zwischendurch mal eine Gelierprobe
machen und umfüllen. Wichtig ist es, das alles richtig
durchkocht, der Zucker muss sich lösen.

Blutorangen Gelee

Zutaten
700 g Blutorangensaft
1 Pck. Vanillezucker
500 g Gelierzucker 2:1

Zubereitung
Die Zutaten in den Mixtopf füllen und 30 Sekunden /
Stufe 5 mischen. Dann auf 100 Grad / Stufe 2 / ca. 19
Minuten kochen. Zwischendurch mal eine Gelierprobe
machen und umfüllen. Wichtig ist es, das alles richtig
durchkocht, der Zucker muss sich lösen.

Kirsch Chili Gelee

Zutaten
700 g Kirschsaft
500 g Gelierzucker 2:1
1 Prise Chili

Zubereitung
Die Zutaten in den Mixtopf füllen und 30 Sekunden /
Stufe 5 mischen. Dann auf 100 Grad / Stufe 2 / ca. 19
Minuten kochen. Zwischendurch mal eine Gelierprobe
machen und umfüllen.

Rote Bete Gelee

Zutaten
600 g Rote Bete Saft
100 g Apfelsaft
500 g Gelierzucker 2:1

Zubereitung
Die Zutaten in den Mixtopf füllen und 30 Sekunden /
Stufe 5 mischen. Dann auf 100 Grad / Stufe 2 / ca. 19
Minuten kochen. Zwischendurch mal eine Gelierprobe
machen und umfüllen. Wichtig ist es, das alles richtig
durchkocht, der Zucker muss sich lösen.

Apfel Karotten Gelee

Zutaten
400 g Karottensaft
300 g Apfelsaft
1 Prise Pfeffer schwarz
500 g Gelierzucker 2:1

Zubereitung
Die Zutaten in den Mixtopf füllen und 30 Sekunden /
Stufe 5 mischen. Dann auf 100 Grad / Stufe 2 / ca. 19
Minuten kochen. Zwischendurch mal eine Gelierprobe
machen und umfüllen. Wichtig ist es, das alles richtig
durchkocht, der Zucker muss sich lösen.

Granatapfel Rotwein Gelee

Zutaten
350 g Rotwein
350 g Granatapfelsaft
½ TL Zimt
500 g Gelierzucker 2:1

Zubereitung
Die Zutaten in den Mixtopf füllen und 30 Sekunden /
Stufe 5 mischen. Dann auf 100 Grad / Stufe 2 / ca. 19
Minuten kochen. Zwischendurch mal eine Gelierprobe
machen und umfüllen.

Apfel Gelee

Zutaten
700 g Apfelsaft
500 g Gelierzucker 2:1
1 TL Zimt

Zubereitung
Die Zutaten in den Mixtopf füllen und 30 Sekunden /
Stufe 5 mischen. Dann auf 100 Grad / Stufe 2 / ca. 19
Minuten kochen. Zwischendurch mal eine Gelierprobe
machen und umfüllen. Wichtig ist es, das alles richtig
durchkocht, der Zucker muss sich lösen.

Tomaten Basilikum Gelee

Zutaten
700 g Tomatensaft
50 g Basilikum frisch
1 Knoblauchzehe
1 Prise Pfeffer
500 g Gelierzucker 2:1

Zubereitung
Die Zutaten in den Mixtopf füllen und 30 Sekunden /
Stufe 5 mischen. Dann auf 100 Grad / Stufe 2 / ca. 19
Minuten kochen. Zwischendurch mal eine Gelierprobe
machen und umfüllen. Wichtig ist es, das alles richtig
durchkocht, der Zucker muss sich lösen.

Kokos Gelee

Zutaten
700 g Kokosmilch
100 g Kokosflocken
500 g Gelierzucker 2:1

Zubereitung
Die Zutaten in den Mixtopf füllen und 30 Sekunden /
Stufe 5 mischen. Dann auf 100 Grad / Stufe 2 / ca. 19
Minuten kochen. Zwischendurch mal eine Gelierprobe
machen und umfüllen. Wichtig ist es, das alles richtig
durchkocht, der Zucker muss sich lösen.

Karamell Gelee

Zutaten
150 g Monin Karamell Sirup
100 g Kondensmilch
450 g Wasser
500 g Gelierzucker 2:1

Zubereitung
Die Zutaten in den Mixtopf füllen und 30 Sekunden /
Stufe 5 mischen. Dann auf 100 Grad / Stufe 2 / ca. 19
Minuten kochen. Zwischendurch mal eine Gelierprobe
machen und umfüllen. Wichtig ist es, das alles richtig
durchkocht, der Zucker muss sich lösen.

Curd

Orangen Curd

Zutaten
4 Eier
120 g Butter
400 g Zucker
140 g Orangensaftkonzentrat
abgeriebene Schale einer
Bio Orange

Zutaten
Alle Zutaten in den Mixtopf geben und ca. 20 Minuten /
90 Grad / Stufe 2 eindicken lassen. Die Masse umfüllen
und im Kühlschrank aufbewahren.

Erdbeere Curd

Zutaten
4 Eier
120 g Butter
400 g Zucker
80 g Kondensmilch
60 g Erdbeermilchpulver

Zutaten
Alle Zutaten in den Mixtopf geben und ca. 20 Minuten /
90 Grad / Stufe 2 eindicken lassen. Die Masse umfüllen
und im Kühlschrank aufbewahren.

Schoko Mandel Curd

Zutaten
4 Eier
120 g Butter
400 g Zucker
140 g Kondensmilch
50 g Kakaopulver
70 g gemahlene Mandeln
1 Pck. Vanillezucker

Zutaten
Alle Zutaten in den Mixtopf geben und ca. 20 Minuten /
90 Grad / Stufe 2 eindicken lassen. Die Masse umfüllen
und im Kühlschrank aufbewahren.

Milch Curd

Zutaten
4 Eier
120 g Butter
400 g Zucker
140 g Kondensmilch

Zutaten
Alle Zutaten in den Mixtopf geben und ca. 20 Minuten /
90 Grad / Stufe 2 eindicken lassen. Die Masse umfüllen
und im Kühlschrank aufbewahren.

Sonnenblumenkern Curd

Zutaten
4 Eier
120 g Butter
400 g Zucker
140 g Kondensmilch
100 g geröstete Sonnenblumenkerne

Zutaten
Alle Zutaten in den Mixtopf geben und ca. 20 Minuten /
90 Grad / Stufe 2 eindicken lassen. Die Masse umfüllen
und im Kühlschrank aufbewahren.

Zitronen Curd

Zutaten
4 Eier
120 g Butter
400 g Zucker
140 g Kondensmilch
Saft einer Zitrone
Abgeriebene Schale einer
Bio Zitrone

Zutaten
Alle Zutaten in den Mixtopf geben und ca. 20 Minuten /
90 Grad / Stufe 2 eindicken lassen. Die Masse umfüllen
und im Kühlschrank aufbewahren.

Zimt Curd

Zutaten
4 Eier
120 g Butter
400 g Zucker
140 g Kondensmilch
1 gehäufter TL Zimt

Zutaten
Alle Zutaten in den Mixtopf geben und ca. 20 Minuten /
90 Grad / Stufe 2 eindicken lassen. Die Masse umfüllen
und im Kühlschrank aufbewahren.

Bananen Curd

Zutaten
4 Eier
120 g Butter
400 g Zucker
140 g Kondensmilch
50 g Bananenmilch Pulver

Zutaten
Alle Zutaten in den Mixtopf geben und ca. 20 Minuten /
90 Grad / Stufe 2 eindicken lassen. Die Masse umfüllen
und im Kühlschrank aufbewahren.

Johannisbeere Curd

Zutaten
4 Eier
120 g Butter
400 g Zucker
140 g Kondensmilch
50 g Johannisbeere Marmelade

Zutaten
Alle Zutaten in den Mixtopf geben und ca. 20 Minuten /
90 Grad / Stufe 2 eindicken lassen. Die Masse umfüllen
und im Kühlschrank aufbewahren.

Waldmeister Curd

Zutaten
4 Eier
120 g Butter
400 g Zucker
120 g Kondensmilch
50 g Waldmeistersirup

Zutaten
Alle Zutaten in den Mixtopf geben und ca. 20 Minuten /
90 Grad / Stufe 2 eindicken lassen. Die Masse umfüllen
und im Kühlschrank aufbewahren.

Vanille Rosinen Curd

Zutaten
4 Eier
120 g Butter
400 g Zucker
140 g Kondensmilch
100 g Rosinen
Mark einer Vanilleschote

Zutaten
Alle Zutaten in den Mixtopf geben und ca. 20 Minuten /
90 Grad / Stufe 2 eindicken lassen. Die Masse umfüllen
und im Kühlschrank aufbewahren.

Himbeere Curd

Zutaten
4 Eier
120 g Butter
400 g Zucker
140 g Kondensmilch
50 g Himbeere Marmelade

Zutaten
Alle Zutaten in den Mixtopf geben und ca. 20 Minuten /
90 Grad / Stufe 2 eindicken lassen. Die Masse umfüllen
und im Kühlschrank aufbewahren.

Nachtrag zum Impressum

Herstellung und Verlag:
BoD - Books on Demand, Norderstedt
ISBN 978-3-7357-7929-8